Me Pregunto Por Qué

El mar es salado

y otras preguntas sobre los océanos

Anita Ganeri

EDITORIAL EVEREST, S. A.

Madrid • León • Barcelona • Sevilla • Granada • Valencia
Zaragoza • Las Palmas de Gran Canaria • La Coruña
Palma de Mallorca • Alicante • México • Lisboa

Título original: *I Wonder Why The Sea Is Salty and Other Questions about the Oceans*
Traducción: Ruth Villa Pérez
Responsable de la colección: Jackie Gaff
Diseñador de la colección: David West Children's Books
Autor: Anita Ganeri
Asesores editoriales: Michael Chinery, Keith Lye
Editores: Claire Llewellyn, Clare Oliver, Anna Sandeman
Responsable artístico: Christina Fraser
Ilustraciones de cubierta: Ruby Green, viñetas por Tony Kenyon (BL Kearley)
Diseño de cubierta: Alfredo Anievas
Ilustraciones: Chris Forsey 4-5, 6-7, 14-15, 20-21, 28-29, 30-31; Nick Harris (Virgil Pomfret Agency) 8-9; Tony Kenyon (BL Kearley) todas las viñetas; Nicki Palin 10-11, 18-19; Maurice Pledger (Bernard Thornton) 16-17, 24-25; Bryan Poole 12-13, 22-23, 26-27

PRIMERA EDICIÓN, primera reimpresión, 1997

© Larousse plc y EDITORIAL EVEREST, S. A.
Carretera León-La Coruña, km 5 - LEÓN
ISBN: 84-241-2166-X (Colección completa)
ISBN: 84-241-2176-7
Depósito legal: LE. 31-1996
Printed in Spain - Impreso en España

EDITORIAL EVERGRÁFICAS, S. L.
Carretera León-La Coruña, km 5
LEÓN (España)

CONTENIDOS

¿Cuál es la extensión del océano?

El océano es en verdad ¡ENORME! Cubre una tercera parte del planeta Tierra. En realidad, se compone de cuatro océanos: el Pacífico, el Atlántico, el Índico y el Ártico. Aunque estos tienen nombres diferentes, fluyen unos en otros formando un único océano mundial.

No te bañes en el océano Ártico. Es el más frío de todos y además, durante la mayor parte del año está cubierto de hielo.

¿Cuál es el océano más grande?

El Pacífico es con mucho el océano más grande del mundo. Es más extenso que los otros tres océanos juntos y es además mucho más profundo. Si observas un globo terráqueo, verás que el Pacífico ocupa medio mundo.

● Estas gotas de agua representan los océanos según su tamaño.

Pacífico

Atlántico

Índico

Ártico

¿En qué se diferencian el mar y el océano?

A menudo se utilizan las palabras mar y océano para referirse a la misma cosa. Está bien, pero no para un científico. Los mares son partes de un océano: las partes más cercanas a la tierra. El Mar Mediterráneo, por ejemplo, está entre África y Europa.

5

¿Por qué es salado el mar?

El agua del mar sabe salada porque hay sal en ella. Esa sal es la misma que nosotros ponemos en la comida. La mayor parte de ésta procede de las rocas que están sobre la tierra. La lluvia transporta la sal a los ríos que, a su vez, la conducen al mar.

• La mayor parte del agua de la Tierra es salada. Sólo una pequeña parte es agua dulce que se puede beber.

• Parte de la sal marina que utilizamos procede de lugares cálidos como la India. Se construyen muros bajos que atrapan el agua del mar cuando la marea sube. Cuando el sol seca el agua, lo que queda es la sal.

¿Es el Mar Rojo realmente rojo?

• Algunas playas alrededor del Mar Negro están cubiertas de un rico barro negro. La gente se embadurna con él porque es bueno para la piel.

Partes del Mar Rojo parecen rojas. Durante el verano, millones de plantas diminutas de color rojo llamadas algas crecen allí. Pero no te preocupes, ¡no saldrás rojo si te bañas allí!

¿Qué es lo que más temían los marineros?

Hace tiempo, los marineros tenían que soportar mala comida, terribles tormentas... y ¡ataques piratas! Los piratas surcaban los mares en busca de barcos mercantes a los que poder saquear. Cuando los piratas avistaban un barco, lo abordaban, atacaban a la tripulación y se llevaban todos los tesoros y mercancías.

• Barba Negra fue uno de los piratas más temidos. Para parecer más fiero solía trenzarse sogas en su barba y ¡prenderlas fuego!

• Los piratas de verdad nunca pasaron a nadie por la tabla. Pero los piratas sobre los que tú lees, a menudo, lo hacían.

• No había muchas mujeres piratas. Dos de las más famosas fueron Anne Bonny y Mary Read. Solían ir vestidas de hombre.

¿Quién navegó por primera vez alrededor del mundo?

En 1519, una flota de cinco navíos salió de España para navegar alrededor del mundo. Su capitán, Fernando Magallanes, fue asesinado durante el trayecto. Sólo un barco y 18 hombres finalizaron la travesía después de tres años.

• Los tiempos fueron duros para los hombres de Magallanes. Cuando se quedaron sin comida tuvieron que alimentarse con cuero a la brasa.

¿De qué está hecha la arena?

• No toda la arena es amarilla. Algunas playas son de arena negra, rosa, blanquecina e incluso verde.

Observa de cerca un puñado de arena y comprobarás que se compone de diminutos trozos de roca y conchas marinas. Los pedacitos de roca proceden de los acantilados que se han erosionado con la lluvia y olas.

Las conchas llegan a la playa con la marea y se rompen con la fuerza del oleaje.

• Si cuelgas algas en el exterior podrás predecir el tiempo. Si se abultan o hinchan es que va a llover. Si se secan, el sol brillará.

• Los provocadores de naufragios hacían que los barcos chocaran contra las rocas. Entonces robaban todos los objetos valiosos de a bordo y los ocultaban en cuevas.

¿Cómo se forman las cuevas?

Cuando las olas golpean la arena y rocas contra un acantilado, éste se va desgastando poco a poco. Las olas van perforando un agujero en la pared rocosa. Después de mucho tiempo, el agujero se convertirá en una cueva oscura y húmeda.

• Una playa tropical puede parecer desierta, pero docenas de plantas y animales diferentes viven y crecen allí.

• En la playa suele haber conchas vacías que han sido arrojadas por el mar. Sus inquilinos fueron probablemente el almuerzo de otras especies.

¿Por qué las lapas se adhieren a las rocas?

Al igual que otros animales de la costa, las lapas llevan una vida muy dura. Cuando la marea sube, sufren el constante golpe de las olas. Cuando la marea baja, el agua las arrastra. Las pobres tienen que adherirse a las rocas para no ser arrastradas.

¿Qué pez tiene faros?

Está tan oscuro en la profundidad del océano que algunos peces producen su propia luz. El rape tiene una aleta larga que oscila delante de su cara. Esta aleta termina en un punto luminoso. La luz atrae a los peces pequeños que en poco tiempo desaparecen entre las grandes y abiertas fauces de este pez.

• Las profundidades marinas son tan oscuras como la tinta y tan frías como una nevera. Incluso así, allí habitan algunas criaturas asombrosas.

Rape

¿Cuál es la profundidad del océano?

Lejos de la costa, el océano tiene una profundidad de hasta 4 kilómetros. Esa es una profundidad suficiente para tragarse tres veces al Ben Nevis, el pico más alto de Gran Bretaña.

• En el lecho marino hay enormes zanjas llamadas fosas marinas. Algunas tienen hasta 10 kilómetros de profundidad.

Eurypharinx

• Muchas criaturas de las profundidades marinas son realmente horrorosas, pero da lo mismo porque allí ¡está muy oscuro!

¿Qué forma las chimeneas bajo el mar?

Fuentes de agua hirviendo emanan de agujeros en algunas partes del lecho marino. Granos diminutos procedentes del agua caliente se amontonan, formando extrañas chimeneas alrededor de estos agujeros.

• Gigantes gusanos de color rojo y blanco y tan largos como un autobús, viven en torno a las chimeneas.

Víbora de mar

¿Cómo es el fondo del mar?

Puede que pienses que el fondo del mar es suave y liso, pero no es así: al menos no en todos los sitios. Hay montañas y valles, colinas y llanos, de igual modo que en la tierra.

• En 1963, un volcán eruptó bajo el mar cerca de Islandia. Roca caliente y fundida subió a la superficie y se endureció formando una isla completamente nueva que se llamó Surtsey.

• A lo largo de la costa, la tierra se inclina suavemente hacia el mar. Esta inclinación es la plataforma continental.

• Las llanuras cubren la mitad del lecho marino. Estas son las llanuras abisales.

• La Cordillera Mid–atlántica es una larga línea de montañas bajo el agua del Océano Atlántico.

¿Hay montañas bajo el mar?

Sí, muchas, y ¡todas son volcanes! Se han contado hasta 10 000, pero es probable que haya el doble. El nombre adecuado para ellas son montes marinos. Algunos son tan altos que salen a la superficie formando islas.

- Al igual que en la tierra, hay terremotos bajo el mar. De hecho, ¡hay más de un millón de maremotos al año! La mayoría de ellos ocurren tan profundo que no los llegamos a percibir.

- Un monte marino es un volcán bajo el agua. Mientras lees esto, en algún lugar un monte marino estará en erupción.

- Una fosa es un profundo valle en el lecho marino.

¿Cómo respiran los peces bajo el agua?

Los peces tienen que respirar para vivir, igual que tú. Pero mientras tú respiras el oxígeno del aire, los peces respiran el del agua. Mientras nadan, los peces tragan agua y la expulsan por unas rendijas llamadas agallas que están situadas en su cabeza. El oxígeno pasa del agua a la sangre del pez en el interior de sus agallas.

• No todas las criaturas marinas pueden respirar bajo el agua. Los manatís, focas y delfines respiran aire, por eso salen constantemente a la superficie.

Cubre agallas

¿Cómo nadan los peces?

Los peces nadan utilizando sus músculos para desplazar su cuerpo. Meneando sus colas de lado a lado consiguen una mayor fuerza de empuje. Utilizan sus otras aletas para equilibrarse y cambiar de dirección.

¿Qué pájaro vuela bajo el agua?

Los pingüinos no pueden volar por el aire porque sus alas son demasiado cortas y regordetas. Se encuentran más a gusto en el agua, donde utilizan sus alas como si fueran aletas.

• Los caballitos de mar no son grandes nadadores. Se cuelgan de las algas para evitar ser arrastrados.

¿Qué animal se propulsa a chorro?

El calamar no tiene aletas ni cola, pero se desplaza con mucha rapidez. Su cuerpo absorbe agua para expulsarla posteriormente con tanta fuerza que su cuerpo sale despedido hacia delante.

• El calamar tiene diez tentáculos, dos más que su pariente el pulpo.

¿A qué animal le encanta jugar?

Los delfines son animales juguetones y de confianza. Algunos son tan amistosos que te dejarán jugar con ellos. Los delfines han rescatado a náufragos utilizando su nariz para empujarles hacia la costa.

¿Cómo utilizan las ballenas y delfines el sonido?

Las ballenas y delfines utilizan los oídos y no los ojos para saber por dónde van. Mientras nadan emiten sonidos que se transmiten por el agua. Cuando el sonido golpea algo sólido, rebota un eco, al igual que una pelota rebota contra una pared. Este eco informa al animal de lo que tiene delante.

• Los delfines tienen hasta 200 dientes afilados y puntiagudos para sujetar a los peces resbaladizos. ¡Imagina cepillarlos cada noche!

• El narval es un tipo de ballena con un cuerno muy largo. Los marineros solían vender los cuernos de narval haciéndolos pasar por cuernos de unicornio.

¿Qué animales marinos cantan como los pájaros?

Las ballenas blancas beluga se las conoce como los «canarios del mar» porque cantan y hacen gorgoritos como los pájaros. También pueden mugir como las vacas, tintinear como las campanas o presionar sus labios en un sonoro beso.

¿Cómo se forman las olas?

• Forma tus propias olas en un recipiente con agua. Cuanto más fuerte soples sobre la superficie, más grandes serán las olas.

Las olas son remolinos de agua que se forman en la superficie del océano debido al viento. En un día de calma apenas se mueven, pero en un día de tormenta se forman olas muy altas y rápidas.

• Algunas olas reciben el nombre de caballos blancos porque sus rizadas y blancas crestas se parecen a la crin de un caballo.

• En Waimea Bay, Hawaii, los surfistas se deslizan sobre olas de hasta 10 m de altura. ¡Seis veces la altura de un hombre!

• Las palmeras pueden crecer en lugares tan fríos como Escocia porque las corrientes templadas fluyen a lo largo de la costa oeste, trayendo agua de las zonas más cálidas del mundo.

• Las corrientes oceánicas pueden llevar mensajes en botellas. Pero no esperes que sea rápido. Una flotó durante 73 años antes de que el mar la arrojara a una playa.

¿Hay ríos en el océano?

En el océano hay grandes corrientes de agua que fluyen como los ríos. Se mueven más deprisa que el agua que las rodea, desplazándose de una parte del mundo a otra.

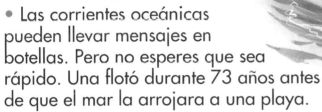

¿Por qué los marineros observan las mareas?

Dos veces al día, la marea sube hasta la playa para luego volver a bajar. Cuando la marea está alta, el agua es profunda y los barcos pueden entrar y salir del puerto. Pero cuando la marea está baja, el agua es tan poco profunda que los marineros quedan atrapados en la costa o ¡fuera del mar!

• En la bahía canadiense de Fundy, el agua con la marea alta tiene una profundidad de 15 m más que cuando la marea está baja.

¿Dónde viven los ángeles, los payasos y los loros?

El pez ángel, pez payaso y pez loro son algunas de las miles de hermosas criaturas que viven en los arrecifes coralinos. Los peces tropicales como estos tienen, a menudo, colores chispeantes y atrevidos diseños en su piel.

• Los arrecifes coralinos crecen en aguas poco profundas en las partes más cálidas del mundo.

Pez ángel imperial

Pez loro

Pez ángel

• Las almejas gigantes viven en los arrecifes coralinos. Sus conchas son tan grandes que servirían de bañera.

¿Qué es un arrecife coralino?

Un arrecife coralino es como un hermoso seto submarino. Parece muerto y de piedra, pero en realidad ¡está vivo! El coral está formado por millones de animales diminutos que dejan sus duros esqueletos cuando mueren. Cada nueva capa de esqueletos se apila sobre la anterior, formando lentamente la roca de coral.

• El coral adopta formas diferentes: cornamentas, platos, setas, plumas, margaritas e incluso ¡cerebros!

¿Dónde se encuentra el mayor arrecife?

El mayor arrecife coralino del mundo se encuentra en las aguas de la costa noreste de Australia. Recibe el nombre de Gran Barrera Coralina y se extiende durante más de 2 000 km. Es tan grande que hasta los astronautas lo pueden apreciar desde el espacio.

Pez payaso

¿Cuál es el pez más grande?

La ballena tiburón es el pez más grande del mundo. Es gigante, tan larga como ocho buceadores colocados uno detrás del otro y tan pesada como seis elefantes de gran tamaño juntos.

• El gobio enano es el pez más pequeño del océano.

• El pez coronado es el más largo. Tan largo como cuatro canoas situadas una detrás de la otra.

Pez coronado

• La planta marina más grande es el alga quelpo gigante. Una única hoja puede ser tan larga como el lanzamiento con un balón de fútbol.

Pez vela

¿Cuál es el pez más rápido?

El pez vela nada a más de 100 km por hora, tan rápido como un coche. Pega las aletas junto a su cuerpo y su nariz corta el agua como un cuchillo.

Ballena tiburón

¿Cuál es el cangrejo más grande?

• El escarabajo guisante es el más pequeño de todos. Vive en el interior de las conchas de ostras y mejillones.

El gigante cangrejo araña japonés mide cerca de 4 metros desde la punta de una de sus tenazas delanteras hasta la otra. Con sus extremidades extendidas podría abrazar a un hipopótamo.

¿Qué pez caza con un martillo?

El tiburón martillo tiene una cabeza enorme en forma de martillo. Pero esta herramienta es para cazar, y no clavar puntas. Los ojos y orificios de la nariz del tiburón están a cada lado del martillo. Mientras el tiburón nada, mueve su cabeza de lado a lado en busca de alimento.

• El guerrero portugués se vale de sus largos y pegajosos tentáculos para cazar.

¿Cuál es el pez más electrizante?

Algunos peces despiden descargas eléctricas para protegerse o atontar a sus presas. El pez más electrizante del océano es la raya torpedo. Si se pudiese conectar, ¡encendería una bombilla!

• Miles de caballas nadan juntas en un enorme banco. Sus enemigos tienen dificultad para atrapar a un solo pez de esta reluciente y plateada masa.

¿Qué pez parece una piedra?

El pez piedra tiene el mismo aspecto que una roca, pero es mucho más peligroso. Si le atacan, el pez piedra utiliza sus espinas tan afiladas como agujas para transmitir a sus enemigos un veneno mortal.

• El dragón marino con aspecto de hoja se asemeja a un trozo de alga. ¡Es un disfraz perfecto!

¿A qué profundidad se sumergen los submarinos?

Algunos submarinos pueden descender a más de 200 metros por debajo de la superficie. Esa profundidad será aproximadamente 100 veces lo que cubre una piscina olímpica.

¿Qué bucea en lo más profundo?

Los buceadores utilizan pequeños artefactos llamados sumergibles para explorar las profundas aguas y localizar naufragios y tesoros hundidos. El Titanic fue un enorme transatlántico que se hundió hace 70 años. En 1985 se descubrió el barco a 3 781 metros de profundidad. Los buceadores llegaron hasta él en un sumergible llamado *Alvin*.

• El Titanic fue botado en 1912. En su primer viaje chocó contra un iceberg y se hundió en el Océano Atlántico.

¿Cuál fue la mayor profundidad alcanzada?

En 1960 dos hombres bucearon a 11 km de profundidad en la fosa de las Marianas en el Océano Pacífico. Se sumergieron en el interior de uno de los primeros sumergibles llamado *Trieste*. El sumergible tardó cinco horas en llegar al fondo.

• Los buceadores llevan trajes especiales para bucear en aguas profundas. Éste recibe el nombre de *Spider*. Es como un submarino monoplaza.

• En las zonas más profundas del océano, la presión del agua es tanta que sería como tener 10 elefantes encima tuyo.

¿Quién pesca con fuego?

En una isla del Océano Pacífico sus habitantes pescan en la oscuridad de la noche. Prenden fuego a las ramas de los cocoteros, y luego las cuelgan de los bordes de sus barcas. Los peces nadan hacia la luz y perecen atrapados en las afiladas lanzas de los isleños.

• Las algas poseen muchas propiedades y los granjeros las esparcen por sus campos con el fin de mejorar la tierra de cultivo. También se utilizan en la fabricación de helados y pasta de dientes.

¿Existen granjas bajo el mar?

Si, pero no hay ni granjeros, ni vacas, ni tampoco ovejas. Algunas especies de peces y moluscos se crían en jaulas enormes. Los peces están tan bien alimentados que crecen mucho más deprisa que si estuvieran en su hábitat natural.

• En todo el mundo existen leyendas diferentes sobre la formación de la tierra. Hay quien dice que se formó en el interior de una almeja gigante. ¡Debió de ser una buena almeja!

¿Hay tesoros en el mar?

• La perla más grande que se ha descubierto tiene el tamaño de tu cabeza. ¡Imagina llevarla colgada del cuello!

En las cálidas aguas tropicales, crecen perlas en el interior de ostras y almejas. Las perlas son hallazgos tan ocasionales que por eso valen tanto. Hay personas que arriesgan su vida al bucear en su busca.

Índice

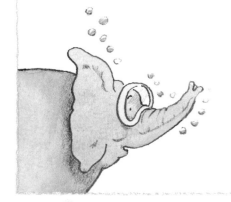